AF192630

Primera edición: Ferguson Press,
Camdridge, Massachusetts, 1970
Esta edición: abril de 2024

© Herederos de Jorge Guillén
Casanovas & Lynch Literary Agency S.L.,
© del prólogo y anotaciones, Javier Dámaso
© de esta edición, Editorial Páramo
www.editorialparamo.com
editorialparamo@gmail.com / 646346731

ISBN: 978-84-128128-3-1
Núm. DL: VA 148-2024
Impreso en España – Printed in Spain
Impreso en Estugraf

Queda rigurosamente prohibida, sin la autorización escrita de los ti-
tulares del Copyright, la reproducción total o parcial de esta obra por
cualquier medio o procedimiento. Diríjase a CEDRO (www.cedro.org)
si necesita fotocopiar o escanear algún fragmento de esta obra.

JORGE GUILLÉN

GUIRNALDA
CIVIL

editorial
PÁRAMO
*
lírica

JORGE GUILLÉN

GUIRNALDA
CIVIL

Edición y prólogo de Javier Dámaso

GUIRNALDA
CIVIL

JORGE GUILLÉN Y SU *GUIRNALDA CIVIL*

Javier Dámaso

El libro que el lector tiene en sus manos es en realidad una rareza editorial y una sorpresa literaria en uno de las poetas referentes de la llamada Generación del 27 ("Guillén, el bueno", decía de él Pablo Neruda, con su habitual maledicencia, esta vez contra Nicolás Guillén), que es como decir de la poesía en castellano de todos los tiempos. Inserto posteriormente en su poemario *Y otros poemas* (1973), el libro *Guirnalda civil* (1970) rompe abiertamente con la herencia juanrramoniana y de poesía pura que caracterizaba esencialmente la obra de Jorge Guillén en *Aire nuestro* (*Cántico, Clamor* y *Homenaje*). Fue publicado en Massachusetts, Estados Unidos, en 1970, en castellano, por supuesto, en dos ediciones; una de lujo limitada a 100 ejemplares y otra comercial. La versión que nosotros ofrecemos en esta edición, sobre la base de la versión original de 1970, en realidad recoge los cambios realizados por el propio Jorge Guillén para la edición de *Y otros poemas*, de 1973, en un intento de ofrecer el texto que el autor consideró el más acabado de los poemas que lo integran. Para ello, hemos cotejado los textos y la puntuación con las ediciones de su poesía completa (*Aire nuestro*), de 1987, de Claudio Guillén y Antonio Piedra, editada por el Centro de creación y estudios Jorge

Guillén de la Diputación de Valladolid (hoy Fundación Jorge Guillén), y de 2010, de Óscar Barrero Pérez, editada por Tusquets.

Guirnalda civil aparece como un claro ajuste de cuentas con la terrible experiencia de Guillén en la España franquista. En 1982, siendo muy joven, tuve la oportunidad de visitar al poeta en su casa de Málaga junto con una amiga, en un atrevimiento bisoño, que él recibió con la máxima cortesía y bondad. Después de cuarenta años, algunos detalles de aquella conversación se me difuminan, pero hay otros que se mantienen con toda nitidez y son esclarecedores. Así, le pregunté si seguía escribiendo. Me miró y levantó las manos en sentido de exclamación: "¡Claro, sigo respirando!", respondió. La conversación fue distendida. Mi amiga, que era una muchacha atractiva, de alrededor de 19 años, le llamó la atención y él dijo un sutil y amable comentario sobre el eterno femenino, que a ella le hizo reír y también a todos los demás. Pero en un momento se produjo un silencio y fue el propio Guillén quien preguntó cómo era posible que en una joven democracia se siguiera celebrando en el Teatro Calderón de Valladolid, con desfiles paramilitares, la efeméride del 4 de marzo. Había visto en la televisión cómo, con motivo del aniversario de la fusión entre Falange y las JONS en 1934, se llevaban a cabo ostentaciones paramilitares por el centro de la ciudad, y le parecían fuera de lugar en una democracia. Él, que se había salvado del fusilamiento precisamente por el asesinato de Federico García Lorca, pues los jerarcas del bando rebelde militar no querían otro poeta mártir que les diera mala prensa internacional, tuvo que impartir en la Universidad de Sevilla, de la que era catedrático, el discurso del 12 de octubre de 1936, bajo la atenta mirada de las autoridades militares golpistas y los jefes de la Falange. Como su discurso literario y académico no usaba la prosa rimbombante y artificial de los alzados en armas, no pasó la prueba, aunque haber dado ese discurso le permitió salvar la vida y mantenerse un poco tiempo más en la cátedra. Hasta que, en 1938, se exiliaba a Estados Unidos, después de haberle suspendido el sueldo por dos años las autoridades rebeldes en 1937 y haberlo inhabilitado para cualquier cargo académico. El hecho de haber dado aquel discurso no se lo perdonaría nunca Juan Ramón Jiménez (así como la traducción del poema de Paul Claudel *A los mártires españoles*). Pero sobrevivir tiene en determinados momentos históricos esas sevicias. Debo confesar que no entendí bien entonces el contexto de sus palabras, pero tiempo después me resultaron elocuentes.

Se trata de un libro, *Guirnalda civil*, que ha pasado casi desapercibido, al menos para el gran público, entre la poesía de Guillén, cuyo centro poético está en *Aire nuestro* (*Cántico*, *Clamor* y *Homenaje*). Al encontrarse dentro de *Y otros poemas*, sólo quien se ha sumergido en la lectura de sus obras completas, o quien se ha topado con algún texto crítico-literario sobre su poesía "menos pura", se ha podido encontrar con unos poemas de una radicalidad contundente y una expresividad superior. Que vida y poesía van de la mano, como él sostuvo en su temprano trabajo de 1925, *El hombre y la obra* (publicado por la que sería pronto la Fundación Jorge Guillén, en 1990), lo demuestran muy bien estos admirables poemas guillenianos, cuya precisión verbal engrandece al poeta porque, cuando se enfrenta a este tema desgarrador para su vida, la de su generación y la de nuestro país, la voz poética es al mismo tiempo voz profética.

En la difícil España
Nací. Curiosa aventura:
Embrollo en una maraña.

A la memoria de

LEOPOLDO ALAS

Legalmente asesinado
el 16 de febrero de 1937.

1

Va extendiéndose un magma.
Huelgas, disturbios, choques.
Turbas, heridos, muertos.

¿Adónde va este caos?

Dirigido atropello.
La Providencia al quite.
Dios y una tiranía.

2

> *Aquí el hacha es la ley…*
> *Y el hacha es la que triunfa.*
>
> León Felipe

Un hacha antigua. ¿Criminal? Sagrada,[1]
Al servicio de Dios y de los jefes
Que en su nombre, deidad inexorable,
Van salvando a los vivos y a los muertos.
Hacha de Fundación, Cenit de Régimen,
Nuestra Señora de la Patria unida
Por santo fratricidio victorioso.
La consigna es el corte
el corte,
el corte…

[1] En la edición original de 1970 iba un punto, en lugar de coma.
(Nota del Editor, al igual que el resto de notas al pie)

20

3

En movimiento horizontal
Se propaga el crimen. Son turbas.
Tanta sangre forma caudal.

Verticalmente se propaga
La destrucción que el mando orienta.
Del Orden va todo a la zaga.

Jarro-cáliz, sangre de rito,
Da tal vértigo al fratricida
Que convierte en gloria el delito.

4

¿Crímenes en cada bando?
De diferente sentido:
Hacia un pasado bramando,
Al porvenir dirigido.

¿Dos Españas? En efecto.
Una asesinó a la otra.
Y el país quedó perfecto.

¿Un poeta asesinado?
Mucha gente asesinada.
Sobre el crimen un Estado.
Aquí no ha ocurrido nada.

No se llamaba Caín
Quien fue el sumo fratricida:
Dejó sólo con su voz
A medio país sin vida.

6

Su lucha inauguró con maña y crimen.
Estableció bajo terror gobierno.
"Que los más opresores se me arrimen."
Y proyectó que el mando fuese eterno.

Los terroristas logran imponerse.
El gran poder arraiga en muchos miedos.
Todos, por fin, bendicen —resignados—
A Jehová. Su Sinaí ya es Gredos.

8

Guerra cruel. Gran fracaso
Del país, gran confusión.
Dos señores dialogaban
Sufriendo común dolor.

—Hace mucho tiempo, mucho,
Que se nubló nuestro sol.
Todo va mal. —¿Desde cuándo?

Oíd lo que respondió:
—Desde que Fernando VII
Juró la Constitución.[2]

---

[2] En la edición original de 1970 iban tres puntos después de "Constitución".

9

Fracasó la Monarquía,
Ay, fracasó la República,
Fracasó toda la Historia
De España en aquella furia
Final.[3] ¡Oh guerra civil
En demoníaca yunta!
Quedó, cola de catástrofe,
Un rastro de dictadura.[4]
Cada español, uno a uno,
Comenzó a buscar fortuna.

[3] En la edición original de 1970, el encabalgamiento en este verso era diferente, pues el primer verso terminaba en "aquella" y el siguiente comenzaba por "furia".

[4] En la edición original de 1970, decía "con dictadura".

10

(Y mientras tanto,
Qué profundo fue el eco en la conciencia,
Atónita conciencia universal.)

Quien se dice tranquilo y puro miente,
Bien sumergido en bruma
Para no contemplarse en el espejo,
Y ver su faz de víctima, de cómplice,
De verdugo a su modo.

¿Quién no sabe y no siente
Que hubo también derrota de un gran ímpetu,
Que ese difícil sueño de una mejor España
Murió en la violencia
De un vasto asesinato?

Todo quedó a nivel de historia infame:
Anatema a los yerros y delitos,
Anatema a las obras más felices,
Anatema a los óptimos,
Obstrucción sin cuartel
A una latente España más humana.

He ahí, vergonzoso anacronismo,
Esa Iberia retráctil.

11

Innúmeras son ya las vidas truncas.
Cadáveres sepultos no se sabe
Dónde: no hay cementerios de vencidos.
Gente medio enterrada en sus prisiones.
Algunos huyen, otros se destierran
Para no perecer de propia cólera.

Pero entre tantas muertes y catástrofes
Algo subsiste sin cesar feroz,
El más feroz de todos los poderes:
Vida, vida sin fin.

                    Y poco a poco,
Y sin cesar, inexorablemente
Se reanudan las formas cotidianas,
Se inventan soluciones.
La vida es implacable.

ARTE RUPESTRE

1939-1969

No "oigo, patria, tu aflicción",
Prisionera sin lamento.
El negocio es el negocio,
Y lo demás es un cuento.

Lector:
Estas páginas se refieren a ese cuento.

1

Durante siglos hubo un gran Imperio.
No podía durar eternamente
Ni sepulto yacer en cementerio.
Y alumbró el sol a un libre Continente.

(Se perdía batalla tras batalla.
El honor del guerrero en la derrota
Resplandecía sobre tanta falla
De su país con sueño de marmota.)

¡Cuántas Indias dejaron de ser presa
De aquel poder! Quedó profunda herida.
La metrópoli al fin, gloriosa empresa,
Fue la postrer colonia. ¡Sometida!

"Tirano", bello término.
"Déspota" suena a gran poder lujoso.
"Dictador", la palabra cotidiana:
Ése que al despertarse
Dice en silencio al sol,
Matinal confidencia:
Viva mi libertad.[5]

[5] En la edición original de 1970, este poema estaba en la cuarta posición de esta segunda parte, "Arte Rupestre". Sin embargo, en la edición de *Y otros poemas*, pasó a esta segunda posición, desplazando hacia atrás a los dos que le antecedían y aquí le siguen.

3

Aplaudid, aplaudid al Jefe de los Miedos.

Frío, cruel, sanguinario, vulgar,
Trasformador de las vidas en muertes,
Gran corruptor del país aterrado,
Simulador de la paz en la guerra,
Déspota, déspota, déspota puro.

Tal adalid, gran artero con tralla,
Se convirtió en gran hombre. No lo era.
Ingenioso lo es: decide y calla.
Absoluto el poder, la faz de cera.

El dictador, augusto anciano grave,
Llegó a creerse generoso abuelo
De aquella patria a su rigor sumisa,
Se olvidó de sus crímenes, un velo
De ficciones tendió sobre su historia,
Y él fue la suma víctima engañada.
¡Gloria a Velázquez y al bobo de Coria!

Buen régimen: absoluto.[6]
Prohibida, la verdad.
Alumbraría hasta el bruto.
—Embuste oficial tragad.

[6] En la versión original, en este primer verso, en lugar de dos puntos, había punto seguido.

El pueblo es siempre un niño
Que el Jefe salva.
Con mano amable queda
Como una malva.

6

"Mantener el orden"
No se dice ya.
¡No es esa la frase!
"Mantener la paz":
Última gran base.
¡Ah, si la verdad
Sobre ella danzase![7]

[7] En la edición original de 1970, este poema estaba en la octava posición de esta segunda parte, "Arte Rupestre". Sin embargo, en la edición de *Y otros poemas*, pasó a esta sexta posición, desplazando hacia atrás, como en el caso anterior, a los dos que le antecedían y aquí le siguen.

Español a machamartillo:
El anatema en el bolsillo.

De pronto defiende su fe
Con la pistola o con el pie.

Chispea a veces, sin embargo,
A la luz de su sol amargo.

En torno siempre de una noria,
Se queda al margen de la Historia.

Español a machamartillo:
Los zapatos con mucho brillo.

De la guerra civil no sabe nada.
Él era niño entonces inocente
Sin odio ni retórica de espada.
Ni heredero ni juez. —¡Adán! —Presente.

9

Primero de Abril, 1969

Son treinta años de paz —con su victoria
Sin cesar recordada: vencedores
Sobre vencidos, sobre asesinados,
Sobre opresos, continua tiranía.
"Ahora sí que se acaban nuestras luchas.[8]
Los delitos de guerra han caducado."

¿Y los delitos de los gobernantes?

---

[8] En la edición original de 1970, este verso y el siguiente estaban
separados por un espacio de los versos precedentes.

El tiempo es muy correcto, se trasluce,
Pese a la disciplina de la audiencia,
En un semblante de evidente anciano,
Cuya noble fatiga extiende seda
Muy sutil y eficaz sobre los crímenes
Antiguos del ahora Rey de Reyes,
Allí de pie, con su blanco uniforme.[9]

[9] En la edición original de 1970, este poema estaba en la decimo-tercera posición de esta segunda parte, "Arte Rupestre". Sin em-bargo, en la edición de *Y otros poemas*, pasó a esta décima posición, desplazando hacia atrás a los tres que le antecedían y aquí le siguen.

11

I had done nothing wrong, yet
I was forced to think of myself
as a criminal in hiding
RONALD FRASER, "In hiding"[10]

Un alcalde del año 36
Ha salido, por fin, de su escondite
Después de muchos años
Ocultos en su propia casa-cárcel,
Rincón de la Caverna.

Inmóvil bajo el miedo
De ser asesinado,
Aquí quedó bajo la gran victoria,
Victoria sin azul del cielo visto.

Mil novecientos ¡ya! sesenta y nueve.
El ahora ex-futuro asesinado
Sale ahora el sol que —¡paz!— irradia a todos
Perdones y perdones.
¿También alcanzarán a tantos jefes?[11]

---

[10] "No había hecho nada malo. Sin embargo, me vi obligado a considerarme un criminal escondido". En la edición original de 1970, esta cita no se encontraba.

[11] En la edición original de 1970, este verso final estaba separado por un espacio de los versos precedentes.

Las tinieblas terminan en tinieblas[12]
Que no terminan.

De pronto pasa un virus.
Un murmullo se mueve.
Cruza un rayo de luz.
Sonríen unos líquenes.
Amanece entre estatuas.
Palacio. Dictador.[13]

Las tinieblas terminan en tinieblas
Que no terminan.

[12] En la edición original de 1970, este poema llevaba por título LEY
DE SUCESIÓN, que fue suprimido en la edición de *Y otros poemas*.

[13] En la edición original de 1970, estos seis versos estaban separa-
dos entre ellos por un espacio.

13

El poder absoluto dicta su propia ley.
Todos los atropellos se truecan en artículos.
La farsa de las Cortes dice amenes ridículos.
Y el dictador anuncia quién debe ser el rey.

Personaje ya augusto, frígido figurón,
Infunde a voz aguda su más solemne tono,
Recibe acatamientos en la sala del trono,
Ungido por sí mismo brilla desde un balcón.

Y todo se resuelve —mirad— en esperpento.

14

Sobre la arena de la playa esplenden
Los cuerpos femeninos.
Se construye a compás acelerado.
¿Todo es materia próspera?
No basta.
En ese cielo hay Dios.

Ah, pero los negocios...

¿Y los hijos de Dios, hombre tras hombre?
¿Todo es aquí materia?
Un pueblo soñoliento se somete
Sin fe,
Rendido, soñoliento.
Todo va a ser más falso.

Ah, pero los negocios...

Bajo el ruido se ahondan los silencios.
Late aún, late, libre,
En potencia futura la Esperanza,
Ímpetu sin cesar hacia su atmósfera:
Aire claro del hombre,
Que jamás desespera.

ÍNDICE

JORGE GUILLÉN Y SU *GUIRNALDA CIVIL*
Javier Dámaso 11

1 Va extendiéndose un magma. 19
2 *Un hacha antigua.* ¿Criminal? Sagrada, 20
3 En movimiento horizontal 21
4 ¿Crímenes en cada bando? 22
5 No se llamaba Caín 23
6 Su lucha inauguró con maña y crimen. 24
7 Los terroristas logran imponerse. 25
8 Guerra cruel. Gran fracaso 26
9 Fracasó la Monarquía, 27
10 (Y mientras tanto, 28
11 Innúmeras son ya las vidas truncas. 29

ARTE RUPESTRE

1 Durante siglos hubo un gran Imperio. 35
2 "Tirano", bello término. 36
3 Aplaudid, aplaudid al Jefe de los Miedos. 37
4 Buen régimen: absoluto. 38
5 El pueblo es siempre un niño 39
6 "Mantener el orden" 40
7 Español a machamartillo: 41
8 De la guerra civil no sabe nada. 42
9 Son treinta años de paz —con su victoria 43
10 El tiempo es muy correcto, se trasluce 44
11 Un alcalde del año 36 45
12 Las tinieblas terminan en tinieblas 46
13 El poder absoluto dicta su propia ley. 47
14 Sobre la arena de la playa esplenden 48

This first edition of
GUIRNALDA CIVIL
is limited to nine hundred copies
bound in paper,
and a special edition
of one hundred numbered copies
signed by the author.
Designed and printed
at the Ferguson Press,
Cambridge, Massachusetts
June 1970

Esta edición, descendiente
y heredera directa de la
norteamericana, que con
tanto cariño reseñamos,
se ha editado en Valladolid,
en marzo de 2024, gracias
al buen hacer de Javier Dámaso
y a la muerte de la Tiranía,
que no conviene olvidar.
Nunca.